अधूरा तकाजा

अधूरा तकाजा

राम शंकर कोविंद

प्रभात
प्रकाशन

प्रकाशक • **प्रभात प्रकाशन प्रा. लि.**
4/19 आसफ अली रोड,
नई दिल्ली–110002

संस्करण • प्रथम, 2022
मूल्य • दो सौ रुपए
मुद्रक • आर–टेक ऑफसेट प्रिंटर्स, दिल्ली

ADHURA TAKAJA *poems* by Shri Ram Shankar Kovind ₹ 200.00
Published by Prabhat Prakashan Pvt. Ltd., 4/19 Asaf Ali Road, New Delhi-2
e-mail: prabhatbooks@gmail.com ISBN 978-93-5562-014-9

प्रेरणास्रोत
भारत के माननीय राष्ट्रपति
श्री राम नाथ कोविंद
को

उन शहीदों को, जो मातृभूमि के लिए बलिदान हुए,
परंतु इतिहास में उनका कहीं नाम नहीं
एवं
उन देशप्रेमियों को, जो सच्चे मन से देश को प्यार करते हैं
और पूर्ण निष्ठा से समर्पित हैं।

संदेश

'अधूरा तकाजा' पुस्तक भारतवर्ष के प्रत्येक नागरिक के लिए प्रेरणाप्रद है।

रचनाकार की पुस्तक में वर्णित प्रार्थना, कोशिश, हौसले की अहमियत, मनुष्य का सार्थक जीवन कैसे बने, मनुष्य स्वयं को विपश्यना से जान सकता है, इन तथ्यों का स्पष्टीकरण है।

मेरी दृष्टि में 'अधूरा तकाजा' पुस्तक मनुष्य में बीजरूप में छिपे ज्ञान को वृक्ष बनने की दिशा में प्रयास करेगी तथा मानसिक दृष्टिकोण भी परिपक्व बनाएगी। पुस्तक की सफलता की कामना करता हूँ।

—अशोक कुमार साहू
पद्मश्री से सम्मानित

हरकोर्ट बटलर प्राविधिक विश्वविद्यालय
नवाबगंज, कानपुर - 208002, उ.प्र., भारत
HARCOURT BUTLER TECHNICAL UNIVERSITY
NAWABGANJ, KANPUR - 208002, U.P., INDIA
(Formerly Harcourt Butler Technological Institute, Kanpur)

100 YEARS
1921 - 2021

प्रो. समशेर
कुलपति

Prof. Samsher
Vice Chancellor

संदेश

'अधूरा तकाजा' नामक पुस्तक लेखक की रचनाशीलता के उद्देश्यों को पूर्णतः सफल करती है। यह पुस्तक निश्चित रूप से पाठकों के लिए प्रेरणाप्रद है। पुस्तक में वर्णित कविताएँ, गजल और उनकी व्याख्या-शैली अत्यंत मर्मस्पर्शी है। प्रार्थनाओं में ज्ञान की देवी, अर्थात् शक्तिस्वरूपा से सतपथ का आचरण करने की शक्ति देने की प्रार्थना की गई है, जो मानव को मानव बनाने हेतु प्रेरणास्रोत है। अब राष्ट्रपति हो तुम, कोशिश, हौसलों की क्या अहमियत है जीवन में, और अंत में कोरोना से लड़ने के लिए संयम-शक्ति को महत्त्व देकर लेखक ने प्रत्येक बुद्धिवादी व्यक्ति को आगे बढ़कर शिखर छूने की बात कही है।

मेरी राय में 'अधूरा तकाजा' पुस्तक मनोरंजक होने के साथ ही ज्ञान का स्रोत भी है, जो पाठकों को वास्तव में मानसिक और भावनात्मक रूप से बढ़ने में मददगार है।

(प्रो. समशेर)

website : www.hbtu.ac.in / Email : vc@hbtu.ac.in / Mo.: +91 9721456001
Phone : 0512-2534000, 0512-2533812

प्रस्तावना

आज वतन आजाद है तो क्या हुआ! हम उन वीरों को कभी न भुला पाएँगे, जिन्होंने देश को आजाद कराने के लिए अपनी जान न्योछावर कर दी। हम उन माँओं को कभी नहीं भुला सकेंगे, जिनके बेटों ने मातृभूमि के लिए शहीद होकर अपनी जान गँवा दी। हम देशवासी उन बहनों को भी न भुला पाएँगे, जिनके स्नेहिल धागों से बनी राखियाँ आज भी अपने भाइयों की कलाइयों का इंतजार कर रही हैं। हम उन वीरांगनाओं के प्रति भी कृतज्ञ हैं, जिन्होंने अपने शौहरों का देश की आजादी के लिए हँसते-हँसते हौसला बढ़ाया और मूक रहकर भी अपने सिंदूर के सौष्ठव का त्याग दिया, अपने सुहाग को देश हेतु समर्पित कर दिया।

आज हम आजाद देश में रह रहे हैं, लेकिन जिन्होंने आजादी की सुबह लाने के लिए खुद को घने अंधकार की काली रात का सामना किया है, गुलामी के अँधेरों को चीरने के लिए खुद को, खुद के सपनों को जलाया है। उसी की लौ से आजादी की यह सुबह मिली। इसी मिली हुई सुबह का तकाजा करें।

आजादी मिलने के बाद, जो देशप्रेम के जज्बे का अधूरा तकाजा है—देश, विश्व में सर्वोच्च रहे, शिखर को छुए, आजाद देश का प्रत्येक नागरिक, किसी भी जाति-धर्म का हो, प्रकृति प्रदत्त ज्ञान की दीपशिखा से कला, विज्ञान, खेल, शिक्षा, अध्यात्म में विश्व में अग्रणी स्थान पर रहें। इस अधूरे तकाजे को हम पूरा करें, प्राणपण से जुट जाएँ। इसी मुकाम को पाकर हम शहीदों को सच्ची श्रद्धांजलि दे सकेंगे; अधूरे तकाजे पूरे कर सकेंगे।

—राम शंकर कोविंद

प्राक्कथन

वर्तमान समय में हम भारतवासी जिस स्वतंत्र माहौल में जी रहे हैं, उस स्वतंत्रता-प्राप्ति के लिए जाने कितनी माँ के सपूतों ने, कितनी सुहागिनों के शौहरों ने, और जाने कितनी बहनों के भाइयों ने रक्षासूत्र का वचन निभाते हुए हँसते-हँसते अपने प्राणों की आहुति दे दी। उन वीर सपूतों, बलिदानी शौहरों एवं कर्तव्यपरायण भाइयों ने देश के प्रति प्रेम व तपस्या का अभूतपूर्व समर्पण की भावना से हम सब देशवासियों को अविस्मरणीय वीरता तथा साहसी दायित्वों का निर्वहन किया।

आज हम मात्र देश और देश पर मर मिटने वाले महापुरुषों एवं क्रांतिकारियों को उनकी जयंती एवं पुण्यतिथि में ही स्मरित कर पाते हैं। 'अधूरा तकाजा' उन देशभक्त वीर सपूतों की वीरता और उनके बलिदानों को भुलाकर भ्रष्ट राजनीति, जातिवाद, आपसी रंजिश और भरण पोषण आदि जी-जंजाल में फँसे हुए हैं।

'अधूरा तकाजा' काव्य-संग्रह में अस्तित्व, अब राष्ट्रपति हो तुम, कोशिश इत्यादि शीर्षकों के माध्यम से कवि ने अपने हृदय की गहराइयों को प्रस्फुटित कर दिया हैं। कवि ने स्वतंत्रता हेतु वीर सपूतों की वीरता व कर्तव्यपरायणता को पाठकों के समक्ष उजागर करने का सराहनीय प्रयास हैं। कवि ने विगत वर्ष की देश में व्याप्त कोरोना महामारी के दुष्प्रभाव को बड़े ही सुंदर व सजीव ढंग से चित्रित किया है और हम पाठकों को सीख देती है कि अधूरा स्मरण एक आदर्श एवं यथार्थ का समावेश है। कवि ने 'अधूरा

तकाजा' में देशप्रेम की भावना एवं प्रकृति प्रेम का समावेश का ताना-बाना बड़ी बौद्धिकता व लगन से जोड़ा है।

स्वतंत्रता के उपरांत देशभक्ति से ओत-प्रोत अधूरा तकाजा है—देश का परचम संपूर्ण विश्व में लहलहाता रहे, विकास की ओर अनवरत बढ़ते रहें। हम देश में मान्यता के पथ पर कला, विज्ञान, धर्म, संस्कृति तथा तकनीकी क्षेत्र में यों ही विश्व पटल पर सर्वोच्च स्थान प्राप्त करें तो हम अपने देश की कीर्ति को प्रकाशित कर वीर शहीदों के प्रति श्रद्धा-सुमन अर्पित कर सकेंगे और अधूरे तकाजों को पूर्ण कर सकेंगे।

प्रार्थना

दीप तेरा कर प्रज्वलित,
हो रहा माँ, मैं प्रफुल्लित।

शांति पथ करता है इंगित,
क्यों मोह–मूढ़ित राग रंजित।
वंदना कर मातृभू की
प्रगति पथ होता है चिह्नित।
तेरी कृपा में हित निहित॥
दीप तेरा कर प्रज्वलित,
हो रहा माँ, मैं प्रफुल्लित।

तेरी दया बिन मैं तृषित,
दिगभ्रमित और ज्ञानकुंठित।
ज्योति की एक किरण पाकर
हो रहा पल्लवित व पुष्पित।
कंपन दिखे हैं बन अकंपित॥
दीप तेरा कर प्रज्वलित,
हो रहा माँ, मैं प्रफुल्लित।

धर्म का आधार माँ तू,
सत्य का व्यवहार माँ तू।

क्षुद्र बुद्धि, समझ ओछी,
कर दे बेड़ा पार माँ तू,
मनुजता को देख कलुषित, होता व्यथित॥
दीप तेरा कर प्रज्वलित
हो रहा माँ, मैं प्रफुल्लित।

आके तेरी शरण में,
शीश माँ तेरे चरण में।
आह्लाद प्रमुदित हो रहा
झलक तेरी हर किरण में,
तन भी पुलकित, मन भी पुलकित।
दीप तेरा कर प्रज्वलित,
हो रहा माँ, मैं प्रफुल्लित।

(1)

दीपक ज्ञान का जलता रहे।
ज्ञानदायिनी माँ की महिमा का गुणगान करें।
उसकी दया और कृपा का अनुभव करते रहें।
माँ की शरण में समर्पित रहें।
सच्चे मन से प्रार्थना करें।

ज्ञान का दीया जलना ही जीवन की सार्थकता है।
धूनी रमाने, अतियों पर जीने,
निराहार व्रत रखने,
शरीर को कष्ट देने,
जंगल में भाग जाने,
संन्यासी बन जाने से,
वासनाओं और इच्छाओं की सदैव पूर्ति करने से भी
आदमी, संसार की, अस्तित्व की सच्चाई न जान पाओगे।
सत्य जानने के लिए ज्ञान का दीया जलता रहे।
समझ की लौ जलती रहे।
यही पर्याप्त है।
अंधकार को मिटाने में ऊर्जा मत खोएँ।
समझ का दीया जलाने से अंधकार मिटता चला जाता है।
करने और न करने योग्य कर्मों का बोध होने लगता है।

□

(2)

अधूरा तकाजा

कालजयी साहित्य सकल है,
रचनाओं का सृजन करो।
देश के हित जो मरे, जिए हैं,
उन आत्म तत्त्व को नमन करो॥

□

(3)

अस्तित्व के अंतर्गत
संसार है, प्रकृति है, मनुष्य है, प्रत्येक जीवधारी है।
अस्तित्व ही प्रकृति के माध्यम से, नैसर्गिक क्षमताओं, गुणों से
मनुष्य की गरिमा को महिमापूर्ण बनाता है।
मनुष्य कई संभावनाओं से युक्त है,
कुछ संभावनाएँ वास्तविकता बनती हैं, कुछ नहीं भी।
मनुष्य को प्रकृति से सबकुछ प्राप्त है
बस आगे बढ़े, प्राप्त करे।
प्रयास करे, पा ले।

प्रयास प्रकृति की व्यवस्था है, बिना इसके कुछ नहीं
इसी प्रयास की भावना ने मनुष्य को कला से प्रेरित
उद्गार देकर कवि बना दिया।
कवि ने उन उद्गारों का संकलन करके कविता लिख दी।
साहित्य रचता चला गया।
उस रचित साहित्य से स्वयं कवि को
और उन रचनाओं के पाठकों को आनंद की अनुभूति हुई।
उनके अंतर्मन में निहित ज्ञान की दीपशिखा जली।
उसके आलोक में उन्हें श्रेष्ठतत्त्व का,
आत्मतत्त्व का, अस्तित्व का बोध हुआ,

जो मनुष्य को जानना चाहिए
क्योंकि इसी में मनुष्य जीवन की सार्थकता है।
साहित्यकार के न रहने के बाद भी रचनाओं के रूप में
साहित्यकार, रचनाकार जीवित रहता है।
यह जीवंतता समय के साथ जीवित रहती है। निसर्ग का गौरव बन
जाती हैं रचनाकार की ये कृतियाँ।

□

(4)

अधूरा तकाजा अब अधूरा न रहेगा
इल्म से अब कोई अधूरा न रहेगा
एक-एक हर्फ खुद्दारी से लिखा है मैंने
कलाम-ए-मुल्क-ए-मोहब्बत अधूरा न रहेगा
हौसलों से जो जमीर जिंदा है
उनका मंजिल-ए-मकसद अधूरा न रहेगा
वतनपरस्ती, इनसाँ जमीर का माद्दा है जिसमें
वो आदमी पूरा है, अधूरा न रहेगा।

(5)

खुशनसीब हूँ हिंद की माटी में मैं ईजाद हुआ
रश्क है, फख्र है जो खिर्द के मैं साथ हुआ
मुसलसल कायम है कुदरत-ए-निजाम का फन
इसका एहसास कई तर्जुबों के बाद हुआ
चिरागे-खिर्द की लौ, बुझी नहीं कौंधी तो है
इस हयात में ये मंजर भी मेरे साथ हुआ
ऐ देशवासियो, पूरे करो अधूरे तकाजे को
बड़ी कुरबानियों के बाद देश ये आजाद हुआ।

□

(6)

आत्मविश्वास आत्मवान बनाता है।
खुद पर रश्क कुदरत के नियम से मिली हुई चेतना का तत्त्व,
धर्म के संग-साथ चलकर,
निसर्ग की हाँ-में-हाँ मिलाकर
अहंकार नहीं बढ़ाता,
बल्कि उस आत्मतत्त्व को विकसित करता है,
जो स्वयं को संतुलन, स्वस्थ, शांत
और आनंदित तो करता ही है,
बल्कि मनुष्यता का दम अपनाकर
आत्मा के सर्वोच्च सोपान को छूता हुआ
अपना जीवन धन्य करता है
और दूसरों के लिए भी प्रेरक बन जाता है।
देशप्रेम का जज्बा भी इसी में एक है।
यही जज्बा आजादी के लिए अधूरे तकाजे को
पूरा करने के लिए सामर्थ्य, शक्ति और संबल देगा।
साहस और समझ भी देगा, जिससे आपका जीवन
भी सार्थक हो सकने में समर्थ हो सकेगा।
आत्मविश्वास बढ़ाएगा और आत्मवान भी बनाएगा,
ताकि अधूरे तकाजे पूरे हो सकेंगे।

□

(7)

लगन रहे, हम न रहें, हम उस लगन के हैं,
ये हमारा है वतन, हम इस वतन के हैं।

वतन की खाक दिल मेरा, आजादी मेरा आशियाँ,
ये मेरा हमराज है, हम ही हैं इसके हमनवाँ।
मंजिलें ख्वाहिश लिये, चलता रहेगा कारवाँ,
रश्क के जज्बे में है, जो तारे इस गगन के हैं।

खुशकिस्मती हयात है, जो मुल्क पे बरबाद हैं,
बेखुदी में लुत्फ है, गर मेरा वतन आजाद है।
जमीं की चाह क्या कहें, आसमाँ भी शाद है,
नाकाम को तूफान हैं, आशिक अमन के हैं।

पहलू में इसके हो खुशी, हसरत हमारे दिल की है,
हमको है इससे मुहब्बत, ये हमारी जिंदगी है।
इसका गम है अपना गम, इसकी खुशी अपनी खुशी है
बागबाँ को नाज है, जो काँटे इस चमन के हैं।

वतन के वास्ते लुटा दी, हँसते-हँसते जिंदगी,
उनका था अरमाँ यही, कायम रहे इसकी खुशी।
आजादी की साख आशिकों ने खून से सींची,
उनकी कहानी कह रहे, जो फूल इस गुलशन के हैं।

□

(8)

अब राष्ट्रपति हो तुम।
सौम्यता और सभ्यता की, प्रतिमूर्ति हो तुम
अब देश के सर्वाच्च पद पर राष्ट्रपति हो तुम
हर एक मानव तन-मन-आत्मा का मेल है
यूँ तो जगत्, जगत् गति भी, अस्तित्व का ही खेल है
इतिहास निर्मित है शिखर पुरुषों के पौरुष से
उसी इतिहास के लेख की एक पंक्ति हो तुम।
विवेकी बनके आपने निर्णय लिये हैं
धर्म को संबल बनाकर निर्भय जिए हैं।
कभी अमृत, कभी आँसू भी पिए हैं
शक्तिदात्री की प्रवाहित शक्ति हो तुम।
आज अस्तित्व ने आपको शिखर पर स्थापित किया है
जगत् की गतिविधियों ने भी गौरव दिया है
धन्य धरती हो गई तुम्हारे व्यक्तित्व और कर्तव्य से
जन-जन की प्रतिध्वनित से चयनित हुए हो तुम
अब राष्ट्रपति हो तुम।

□

(9)

21 जुलाई को सुबह जब सोकर जागे,
तो बार–बार एक ही विचार मन में आ रहा था कि
'मामाजी राष्ट्रपति बन गए।' फिर नैसर्गिक
रूप से हृदय से उद्‌गार निकले,
अब राष्ट्रपति हो तुम
कविता बन गई सहज, स्वाभाविक, भावपूर्ण।
25 जुलाई, 2017 को शपथ–ग्रहण में गए।
परंतु कविता मामाजी तक न पहुँच सकी।
26 जुलाई, 2017 को पारिवारिक सदस्यों की चाय पार्टी थी,
परंतु उस दिन भी उपरोक्त कविता उन तक न पहुँच सकी।
अंतत: 26 जुलाई,
की चाय पार्टी के बाद
कविता मामाजी के बेटे प्रशांत को दे दी कि
मामाजी तक कविता पहुँचा देना।
अंततोगत्वा 29 जुलाई, 2017 को रात के भोजन के समय
कविता उन तक पहुँची।
कविता पढ़ी।
पढ़कर तुरंत रात में ही फोन आया।
राम शंकर कविता बहुत अच्छी लिखी है,
जितनी भी तारीफ की जाए कम है।

मुझे नहीं पता था कि तुम अच्छी कविता भी लिखते हो।
किसी कवि की कविता की तारीफ हो,
दूसरे को रुचिकर लगे,
यही कविता की सार्थकता है
और कवि के लिए गरिमा की बात।

□

17 जुलाई, 2017 को राष्ट्रपति का चुनाव हुआ
20 जुलाई, 2017 को परिणाम आया

(10)

इक चिराग जला है, जहान–ए–जीस्त भी रोशन होगा
जो मुमकिन नहीं था, वो भी अब मुमकिन होगा।
कुदरत ने बख्शी है, हर किस्म की दौलतें
अब हमें तलाशना है, कहाँ सुकून–ए–अंजुमन होगा।
इबादत में हुए सजदे, आसमान से भी आगे हैं
नेक नियति के दम पर, बहारों का चमन होगा।
इनसानी जज्बों में मुसलसल धार होती ही रहे
इसी से जन्नतें हासिल, इसी से चैन–ओ–अमन होगा।
गुलिस्ताँ–ए–वतन पर आँच आ नहीं सकती
हिफाजत–ए–हाथों में खंजर, सिर पे अब कफन होगा।

□

(11)

जहाँ कोशिशें नहीं हैं, हौसले नहीं हैं
वहाँ कारवाँ नहीं हैं, वहाँ काफिले नहीं हैं।
जज्बा भी अपना रख, मर्तबा भी रख
इनके बगैर जीस्त में, कोई मरहले नहीं हैं।
जिनके कदम उठे ही नहीं, आरजु-ए-शौक में
उनके लिए जहान में, कोई मंजिलें नहीं हैं।
मुसलसल कयास रख, दिल में आस रख
इस फल्सफे के आगे, कोई फल्सफे नहीं हैं।

□

(12)

कोशिश,
बहुत जरूरी है, अधूरे तकाजों को पूरा करने के लिए।
कोशिश,
हौसलों के साथ की जानी चाहिए।
कोशिश,
लगातार करनी पड़ती है, अपनी मंजिलें पाने के लिए।
कोशिश,
प्रयास, प्रकृति की व्यवस्था है। बिना प्रयास के कुछ भी पाना असंभव है।
कोशिश,
जीवन में निहित छोटी-छोटी बातों के लिए भी अनिवार्य है।
कोशिश,
मनुष्य जीवन में, संसार में, अस्तित्व में सभी में समाहित तथ्य है।
इस कोशिश की अहमियत अद्वितीय है।
इसका कोई विकल्प भी नहीं है।
अत: कोशिश आरंभ करें,
आजादी के बाद जो देशवासी का कर्तव्य है
अधूरे तकाजों को पूरा करने का।
कोशिश करें—ये आगाज है,
कामयाबी मिले—ये अंजाम है।

करना आपको ही है,

चलना आपको ही है।

कोशिश और हौसला ही सीढ़ियाँ हैं लक्ष्य पाने की।

□

(13)

प्रार्थना

सिंहवाहिनी, ज्ञानदायिनी, विघ्नविनाशक माँ।
धर्मी और अधर्मी सबकी, उपकारक है माँ॥

बचपन से जो सुनते आए, वो ही मन में समाई,
खोके रह गया ज्ञान इसी में, बुद्धि भी उलझाई।
मन की ये चंचलता देखो, कोई काम न आई,
जीवन को किस तरह बिताएँ, अब तक समझ न आई।
कर्म-अकर्म की ज्योति दे दे, सतपावक है माँ।
सिंहवाहिनी, ज्ञानदायिनी, विघ्नविनाशक माँ।
धर्मी और अधर्मी सबकी, उपकारक है माँ॥

तेरी दया से ज्ञान हुआ है, जन्म अनोखा पाया,
जिस पल जो कुछ करना चाहिए, कुछ भी न कर पाया।
शक्ति, ओज और तेज पुंज बल ही, जीवन यूँ ही गँवाया,
सतपथ का अनुगामी कर दे, मुझ पे करके दया।
तन, मन, छन-छन जीवन तेरा, उद्धारक है माँ॥

□

(14)

हृदय से प्रार्थना करें
प्रत्येक मनुष्य प्रार्थना करके ऊर्जावान बन जाता है
प्रार्थना में आपकी ऊर्जा एकत्र होकर
विश्व ऊर्जा से मिलती है।
अस्तित्व की ऊर्जा से प्रार्थना करनेवाला जुड़ जाता है।
सुनी हुई धारणाओं,
मानी हुई मान्यताओं,
अपनी श्रद्धाभक्ति से आप समझदार होकर
ऊपर उठ जाते हैं।
मन की चंचलता, अज्ञानता में होनेवाले
कर्मों के प्रति हम जाग जाते हैं।
सत्पथ का अनुसरण करके
अपना जीवन सार्थक करने लगते हैं।
मानवीय मूल्यों को अपनाने लगते हैं।
ज्ञानदात्री माँ, प्रार्थना सुनकर
हमारे सत्कर्मों को जीवन में उतारने
की शक्ति प्रदान करने लगती है।

□

(15)

नए पल को है पुलकित, हर नया पल
ऐ आदमी, तू सजग बन, तू सँभल।
समर्थ बन, पुरुषार्थ कर, तू व्योम छू ले
बड़ा मुमकिन है गर तू हौसला कर ले
कोशिशों का बल, चमन कर दे मरुस्थल।
चेतना का सान्निध्य, तुमको दिव्यता देगा
धरा सा धैर्य देगा, गगन सी उच्चता देगा
कलश अमृत का मिलेगा, पीकर गरल।
अभी जीवन मिला है, थाम लो इल्म का दामन
मन विहँसता ही रहेगा, ठान के संकल्प का मन
कल कहाँ–क्या हो सकेगा, अजल भी है अटल।

□

(16)

यदि निश्चित है मनुष्य का जन्म
तो निश्चित ही है मनुष्य की मृत्यु
इस जन्म-मृत्यु के बीच का जीवन ही,
प्रकृति द्वारा प्राप्त जीवित जीवन है।
लेकिन जीवन में जीवंतता पैदा करना पड़ती है।
अपने पुरुषार्थ से, अपनी सजगताएँ, अपनी समझ से
प्रकृति प्रदत्त एक-एक पल से जुड़कर
समय का संचरण होता चला जाता है।
इसी समय के संचरण में
मनुष्य का अंकुरण, प्रस्फुरण और संचरण के बाद
अंत में मरण, बड़ा सहज
स्वाभाविक और नैसर्गिक है।
आप समझदार बनकर पलों का उपयोग करें
जीवन की सार्थकता,
देश के अधूरे तकाजे को
पूरा करने के निमित्त प्रयास करने में सजग रहें।
सजगता के कारण आप मंजिल पाएँगे,
अपने इरादे हौसलों के साथ पूरा करेंगे।
साहस और समझ के साथ चलने पर
रास्ते सहज होते जाते हैं।
जब सब निश्चित है तो अपना कर्तव्य भी निश्चित करें।

□

(17)

वो हालात खत्म कर दो, मिटा डालो
जो तेरे हौसलों को खाए जाता है।
वो अंदाज तेज और तेज करो
जो तुम्हारे खिर्द की, शम्मे जलाए जाता है।
जिस्म अपना, देश के लिए काम आए जाता है
कफन बाँध के, देशप्रेमी मुसकराए जाता है।
तकाजे अधूरे गर होने लगे हैं पूरे
आदमी फख्र से सिर उठाए जाता है।
गलत इरादे करके, आदमी तड़फड़ाता है।
इरादे नेक करके, आदमी गुनगुनाता है।
लम्हा एक है, चाहे जिस रौ में बहो
वजूद कायम है, जो कुदरत को सिर झुकाता है

□

(18)

कुदरत के नियम में सबकुछ शामिल है।
आदमी भी कुदरत के नियम से ही दुनिया में आता है।
बस, आदमी को अपनी, दुनिया, कुदरत का नियम
समझ से समझना जरूरी है।
अंकुरण, संचरण और मरण की क्रियाएँ
इसी नियम से ईजाद होती हैं।
यदि
मनुष्य ने समझ की आँख खोलकर सब देखा
तो यकीनन वो धर्म का शिखर भी छुएगा,
क्योंकि सब देखने, जानने, जीने के बाद
क्षणभंगुर दिखते हैं, बाकी सब कृत्य।
मनुष्य को दिखता है, जिन वृत्तियों के कारण से मिटता चला गया है
उन वृत्तियों की वास्तविकता जान ली।
जब वास्तविकता जान ली
तो फिर अब उठना संभव हो गया,
क्योंकि जिनको पाने की आकांक्षा में गिरना होता था
उस सत्य को जान लिया।
अब उड़ो अपनी संकल्प-शक्ति के साथ
अब पा लो अनंत शिखर का साम्राज्य
अब तुम दीन-हीन न रहे

अब तुम निरीह प्राणी न रहे
अब तुम समद्धि का, ऐश्वर्य हो, ऐसा समझपूर्वक जीवन जीकर
सब पाने में सक्षम हो गए।
प्रयास करना है, क्योंकि प्रयास प्रकृति की व्यवस्था है।

□

(19)

बेइल्म और खौफजदा शख्स
आदमियत का मुकाम पा नहीं सकते।
जो सिर्फ अपनी ही ख्वाहिशों में डूबे हैं
वो मुसकरा नहीं सकते, गुनगुना नहीं सकते।
जिनमें माद्दा है जर्फ पीने का
वो जमाने में क्या पा नहीं सकते।
बहुत जरूरी है बुलंदियों को पा लेना
जो नासमझ हैं, क्या गँवा नहीं सकते।

□

(20)

हर एक अच्छे काम के लिए विवेक अनिवार्य है।
आपकी जीवन–ऊर्जा का प्रवाह सही दिशा में रहे, समझ जरूरी है।
अच्छे कार्यों के लिए संकल्प–शक्ति चाहिए
खौफ से ऊपर, अज्ञानता को छोड़कर ही
मनुष्य ज्ञानवान बनता है, इल्मदार बनता है
और इसी इल्म की लौ में स्वयं के दायित्व दिखते हैं।
अधूरे तकाजे दूर करने का जज्बा और हौसला पैदा होता है।
सब सहते हुए, पथ की कठिनाइयों को पार कर
सफर तय करते हुए,
बरदाश्त का माद्दा बढ़ाते हुए
मंजिल की ओर बढ़कर मुकाम पाते हैं।
जीवन सार्थक करते हैं।
इनसानियत उन पर फख्र करती है।
निसर्ग भी गौरवान्वित होता है।
खौफ काल्पनिक भी हो सकता है, वास्तविक भी
समझ, हिम्मत और स्वाभिमान से खौफ जाता है।
खौफ, भय, डर का साक्षात्कार करें; टालें मत।

□

(21)

कौन आकर तुमसे छीने
तुम्हारी भीरुता और हीनता।
कौन आकर छीन सकता
तुम्हारी दीनता और क्षुद्रता।
खुद ही बदलनी होगी
दीनता से दिव्यता।
कोई न आकर दे सकेगा
हीनता से श्रेष्ठता।
इल्मदार बन के
तलाशो अपना रास्ता।
आसमाँ छू ही लोगे
तुमको तुम्हीं का वास्ता।
आदमी गिर पड़े, फिर उठे
उठ–गिर के है सँभलता
आत्मबल, मनोबल से चल पड़ा
कोई पथ, कहाँ फिर सालता!
कर्म के आराध्य पर
जो व्यक्ति खुद को ढालता
अधूरे तकाजे दूर करके
सहज वो मुसकराता, खिलखिलाता।

□

(22)

जो करना है, कर गुजरो।
जिस ढंग से जिंदगी जीना चाहते हो, जी लो।
आधे-आधे सुलगने से तो अच्छा है,
पूरी लपट से जलो या बुझ जाओ
जलने और बुझने में चुनाव करोगे तो
पूरी लपट से जलने का ही चुनाव करना होगा
क्योंकि पूरा बुझना तो प्रकृति के हाथ की बात है
आपके हाथ की बात नहीं।
तुम्हारे हाथ की बात सुलगना है या पूरी लौ से जलना है।
कोई भी मनुष्य एक साथ दो रास्तों पर नहीं चल सकता
मात्र एक रास्ता ही चुनकर चलना पड़ता है
क्योंकि प्रकृति ने मनुष्य को दो पैर ही दिए हैं तो
दो कदम से, दो पैरों से एक बार में एक-एक कदम की
यात्रा करना संभव है।
और यह एक रास्ते की यात्रा
एक रास्ते की मंजिल सभी रास्तों से आगे है।
दो और चार रास्ते दिखाई देनेवाले संभावित रास्तों से आगे।
यथार्थ का, सत्य का, समझ का रास्ता चुनो
और चल पड़ो पूरी क्षमता, शिद्दत, प्रयास और शांति के साथ।
मनुष्य जीवन यहीं रहना है।

संसार भी यहीं रहना है।
अस्तित्व भी यहीं रहना है।
सब अपने–अपने स्वभाव के अनुसार रहेंगे।
आप सकारात्मकता, समझ से
आत्मविश्वास बढ़ाते हुए जीवन जिएँ।
यही हितकर है।

□

(23)

ऐ मन सीखो, निर्भय रहना
मन ने सीखा, भय में रहना।

व्यक्ति की महिमा है अपरम
कर सकने में सब है सक्षम
दोनों तल वो छू सकता है
चाहे जिस लहराए परचम
उच्च विचारों में ही जीना।

मानव का जीवन पाया है
प्रकृति का वरदान कहेंगे
धर्म राह पर चलकर ही हम
अपना ही कल्याण करेंगे
करना है तो ये ही करना।

मात्र कल्पना में ही जीकर
क्या पाया कल्पित रस पीकर
समय, ऊर्जा, जीवन खोया
सालों साल जिया इस तल पर
अब पौरुष से आगे बढ़ना।

यथार्थ ही है अपनाने जैसा
जीवन है कुछ कर पाने जैसा
यदि साहस और समझ नहीं है
जीवन है मर जाने जैसा
जीवन का मतलब है चलना।

□

(24)

मूल को सीचें, सँभालें, तो सब अधूरे तकाजे पूरे करने की
सामर्थ्य आ जाती है।
1. सोच (सकारात्मक रखें)
2. उत्साह (स्वयं को हीनता का बोध न होने दें,
खुद को स्वयं प्रोतसाहित करें)
3. आत्मगौरव/आत्मसम्मान
स्वयं का आकलन करें
आपके ऊपर अस्तित्व के अतिरिक्त किसका उपकार है ?
जिंदगी में दो क्षण एक साथ कभी नहीं आते।
जीवन में हमेशा एक ही क्षण होता है,
उसे चाहे निराशा में जिएँ,
चाहे उत्साह में,
चाहे नासमझी में जीकर
विकारों को बढ़ने दें और चाहे तो समझदार होकर विकार ग्रसित न हो।
4. श्वास आने पर जीवन संचालित होने लगता है।
सहज, स्वाभाविक, परंतु समझ को बढ़ाना पड़ता है।
परिणामदर्शी बनकर, यथार्थ को जानकर
सब तथ्यों की सच्चाई से परिचित होकर, अपने आत्मसूर्य को
कमजोर मनोबल और कमजोर आत्मबल की किरणों से
गरिमाहीन मत होने दें।

5. मन की गंगोत्तरी से सदा उत्साह और प्रफुल्लता की धारा बहे।

विषाद की नहीं।

जिन कारणों से मन दुःखी रहता हो,

उसका निराकरण जरूर करें।

□

(25)

इतना मुफलिस न बन,
कि हाथ फैलाना पड़े।
बिना मंजिल के मत रुकना,
चाहे मयखाना पड़े।
जिंदगी को कभी,
उस मुकाम पर मत लाना,
जहाँ खुद ही शरमाना पड़े।
जी के मर जाना पड़े।
खुद के नजरिए से,
इल्मदार बनो खाकसार नहीं।
हर दौरे मुसीबत से,
क्यों न गुजर जाना पड़े।
अधूरे तकाजे, तुम ही करोगे पूरे
चाहे मर के मिट जाना पड़े।

□

(26)

इनसानी जज्बे का मकसद
देश को शिखर पर देखने की ख्वाहिश
आदमियत के सारे तकाजे
मन का ऊँचा हौसला
चेतनत्व की दिव्यता की तरंगें
विश्व चेतना का विराट् आयाम
अधूरे तकाजे पूरे करने का लक्ष्य
आपको सही इनसान बना देगा
सही मायने में इनसानियत की कद्र करना सिखाएगा
सच्चा देशभक्त बनाएगा
तुम्हें अपनी हयात पर फख्र होगा
कुदरत भी तुम पर रश्क करेगी
देश तुम पर गर्व करेगा
देशवासी तुम्हारे कारनामों को
युगों–युगों तक याद रखेंगे।
विज्ञान, साहित्य, अध्यात्म
के ऊँचे शिखर को छूकर
अधूरे तकाजे पूरे करके
दुनिया में देश को सर्वोच्चता
के शिखर पर ले जाने में समर्थ हो सकोगे।

□

(27)

प्रार्थना

दरबार है माँ का ये, जो माँगो मिल जाता है,
चौखट पे तेरी आकर, कोई खाली कहाँ जाता है।

श्रद्धा से यहीं आकर, मंतव्य बता जाता
भूले हुए, भटकों को गंतव्य दिखा जाता
तूफान में नौका हो, साहिल दिख जाता है।

हम व्यक्ति ही हैं माँ, हैं गलती कर सकते
हो जाए दया तेरी, तो क्या नहीं कर सकते
तू शक्तिदायिनी माँ, मेरी भाग्यविधाता है।

वेदांतों के तथ्यों को, तू व्यवहृत कर देती
हम गिरे–पड़े लोगों को, तू उपकृत कर देती
ठुकराया हो जहाँ से जो, तेरे दर पर आता है।

□

(28)

यदि मनुष्य को असमर्थता लगती है,
कहीं मंजिल का रास्ता नजर नहीं आता।
तो शक्तिदायिनी माँ की शरण में जाना चाहिए।
सच्चे मन से प्रार्थना करना चाहिए।
प्रार्थना, अंतर्मन से की हुई प्रार्थना, अस्तित्व में निहित
शक्ति स्वरूप माँ अवश्य सुनती है, उसी से मनुष्य का कल्याण होता है।
मनुष्य करने लगता है अपना जीवन सार्थक।
मनुष्य चलने लगता है सत्पथ पर
मनुष्य समझपूर्ण जीवन जीने लगता है।
जन्म से मृत्यु के बीच की जीवन सरिता सहज गरिमा के साथ
प्रवाहित होने लगती है। अंततः गंगोत्तरी से गंगासागर
की यात्रा पूरी हो जाती है।
विश्वचेतना की तरंगें आपकी चेतना की तरंगों से
तरंगित होने लगती हैं।
ज्ञान का दीप जलने लगता है। अज्ञान के अंधकार की
कालिमा का जाल कटने लगता है।
मनुष्य ज्ञान के सान्निध्य में जीवन बिताए। यही कर्म,
उसके चेतनत्व को गरिमा और महिमापूर्ण बनाते हैं।

□

(29)

कालजयी साहित्य सकल
सृजन करो रचनाओं का।
संसार संतुलित बना रहे
सम्मान करो प्रतिभाओं का।

मानव जीवन तुमने पाया
उपयोग करो क्षमताओं का।
जीव जगत् का सत्य समझकर
मतलब समझो इच्छाओं का।

मानवता हित जीवन जिनका
देश-प्रेम सद्भावों का।
देश हमारा ऋणी रहेगा
ऐसे बेटों, ऐसी माँओं का।

अधूरे तकाजे पूरे हों
देश निहित अभिलाषाओं का।
सफर पर इसके चलना ही है
कोई बाँध नहीं बाधाओं का।

☐

(30)

प्रकृति प्रदत्त क्षमताओं में मनुष्य के अंतरतम में
रचनात्मक कृति बड़ी महत्त्वपूर्ण और महिमापूर्ण है।
मनुष्य वैसे तो अन्य प्राणियों की भाँति है।
काफी कुछ गुण भी मिलते हैं जानवरों और मनुष्यों के।
भूख, काम, नींद, भय की कृतियाँ—दोनों में
बीज रूप में मौजूद हैं।
मनुष्य अपनी विवेक-बुद्धि से इन्हें
संतुलित कर सकता है, परंतु जानवर नहीं, क्योंकि
उसके साथ समझ का तत्त्व उस स्तर का नहीं,
जो मनुष्य के अंदर है।
मानवता के हितार्थ
देश के हितार्थ
निसर्ग के हितार्थ
स्वयं के आत्मतत्त्व के हितार्थ
निहायत जरूरी है,
अपने उन बीजों को अंकुरित होने दें
जो तुम दूसरों से अपेक्षा रखते हो।
दया, क्षमा, सम्मान
कर्तव्यनिष्ठ,
ऐसा व्यक्ति वही बन सकता है,

जो राग–द्वेष से ऊपर उठकर
निर्भयता और बुद्धिमता का उपयोग करता हुआ
धर्म की राह पकड़ लेता है।
ऐसा व्यक्ति स्वयं के रचनात्मक कृत्यों से
स्वयं को आत्माभिमान से झंकृत करता हुआ,
अपनी रचनाओं से संसार को आलोकित–आनंदित करता है। □

(31)

प्रयास निरंतर साहस ही है
प्रकृति के हाथों निर्मित तू मानुष ही है।
गर तू खुद को पहचान सके
तू पारस ही है, पारस ही है।

संचालित प्रकृति से तू है
मानव भी आकृति से तू है,
यदि विवेक से हीन रहा तू
फिर सबकुछ होकर विकृति भी तू है।
धर्म तत्त्व यदि साथ लिया है
तो पुलकित भी तू, आलोकित भी तू,
अन्यथा बिना जला दीपक है तू
निंदित भी तू, कलुषित भी तू।

अत: अभी यदि बोध हुआ
तुमको ही सँभलना पड़ता है
किसी मार्ग के पथिक बनो तुम
तुमको ही चुनना पड़ता है।

जो बीत गया, वो बीत गया
सुन वर्तमान संगीत नया
संकल्प सहित साहस लेकर
जो निकल पड़ा, वो जीत गया। □

(32)

कोई लक्ष्य मनुष्य के साहस से बड़ा नहीं
जीवन संग्राम में हारा वही, जो लड़ा नहीं।
प्रत्येक मनुष्य के जीवन में लक्ष्य होना जरूरी है।
लक्ष्य विहीन मनुष्य पशु के समान विचरण करता है।
वह परिश्रम तो करता है,
परंतु उसका उचित फल नहीं पा पाता।
वह पथ पर चलता तो रहता है,
लेकिन उसका कोई नहीं,
वो मंजिल पाए तो क्या पाए।
ऐसा व्यक्ति मनुष्य जीवन की ऊँचाइयों के शिखर को
नहीं प्राप्त कर पाता।
जरूरत है अभिरुचि के अनुसार लक्ष्य चुनने की।
आपकी अपनी ऊर्जा, प्रकृति-प्रदत्त ऊर्जा और समझ के सार्थक एवं सही
दिशा के उपयोग से
लक्ष्य की ओर जाने में सफलता मिलती है।
लक्ष्य प्राप्ति के लिए इच्छाशक्ति अनिवार्य है।
ज्ञान प्राप्त होने से सुख की प्राप्ति होती है।
लक्ष्य नितांत आवश्यक है। लक्ष्य सदैव ऊँचा रखें।
साहस और समझ, निरंतर प्रयास से ऊँचे-से-ऊँचा लक्ष्य
प्राप्त कर लिया जाता है।

साहस का मूल मंत्र है, समझ को जीवन में उतारना
और समझ के तथ्यों में ही जीवनतत्त्व के मूल स्रोत छिपे हैं।
मनुष्य अपने अज्ञान और दुष्कर्म से दुःख पाता है और
ज्ञान एवं सद्कर्म से सुख प्राप्त करता है।
अपने अज्ञान का कारण आप हो, परमात्मा नहीं।
निवारण भी आप करो, जमीर जगाकर, आत्मवान बनकर।

□

(33)

सब ताकतें कुदरत में हैं
इरादे आदमी की फितरत में हैं,
रूह से ही जिंदा है आदमी
सभी लज्जतें रुहानियत में हैं।

रूह का संग, ताकतें कुदरत देगा
नेकनियति का संग, आदमिये फितरत देगा
मुसलसल चलते रहो, नेकनियति के साथ
यही सुकूँ, मुर्सरत, जन्नत देगा।

अपने एहसास से
ताकतें कुदरत से लो
नियामतें कुदरत से लो
मुर्सरतें कुदरत से लो।

तुम्हीं किरदार अपने हो
तुम्हीं हकदार अपने हो
तुम्हीं को सब हैं हासिल
बस तुम दमदार कितने हो।

□

(34)

अधूरे तकाजे आप ऊर्जावान होकर ही पूरा कर सकेंगे।
ऊर्जा ही आधार है जीवन का, जीवन के क्रियाकलापों का
ऊर्जा का दीया कभी खुद अपने आप नहीं जलता, जलाना पड़ता है।
जब ज्ञान का समझ का दीया जलता है, तो सब स्पष्ट दिखता है।
निसर्ग के नियम शाश्वत दिखते हैं, अपने हित में दिखते हैं।

आत्मा को भी ऊर्जा चाहिए।
आत्मबल बढ़ता है सदैव शुभ की आकांक्षा से
अनिष्ट की आकांक्षा कभी न करें, क्योंकि परम सत्य तो यह है कि
निसर्ग के नियम सदा, निरंतर गतिमान है और मनुष्य भी
नैसर्गिक संचालनों से ही संचालित है।

मन को भी ऊर्जा चाहिए।
सकारात्मक सहने, प्रसन्न रहने, निडर रहने से
ऊँचा मनोबल रखने, आत्मविश्वास रखने से,
मस्त रहने से मानसिक ऊर्जा बढ़ती है।
मस्त रहकर कार्य करें। प्रयत्नशील रहें।

शरीर के क्रियाकलापों के लिए भी ऊर्जा चाहिए
सही दिनचर्या, निसर्ग के सान्निध्य में व्यायाम-विश्राम,

संतुलित खानपान, सदाचार, जीवन-शैली का ढंग,
आवेश और भावावेश नहीं, सही ढंग से उठना, बैठना,
चलना, बोलना, सोचना, कार्य करना भी ऊर्जावान
बनाए रखने में सक्षम हैं।

सकारात्मक सोच हमारी मानसिक प्राणिक संस्थान को
बल देती है, बलवान बनाती है। नकारात्मक सोच उपरोक्त
बात को ध्वस्त कर डालती हैं। नकारात्मक सोच ही हमारे
जज्बे को मूर्त रूप नहीं देने देती। उस पथ को ही नहीं पकड़ने
देती जिसका लक्ष्य मनुष्य जीवन के सारे तकाजे पूरे करता है।

□

(35)

आज ये ढलती हुई शाम
सुबह से चलकर इस मकाम पर आई,
कल भी यही शाम देखी थी
जो रात में ढककर सुबह के नाम पर आई।

कुदरत का सफर यूँ ही चलता रहेगा
आदमी अपनी हयात में गिरता–सँभलता रहेगा,
जन्म से मौत तक का सफर तय किया तूने
इसी अंदाजे बयाँ से आदमी निकलता रहेगा।

खुली किताब है जिंदगी, कौन सा पाठ पढ़ो
तुम्हीं मालिके हयात हो, कौन सा ठाठ करो,
ख्वाहिशें हमेशा अपने ही फन में रहती हैं
इन्हे सँभालो, इन्हें न बारंबार करो।

सब खुलेआम है, सब्रे करार सीख
मन के कहे पे मत जा, मन को मार सीख
जिंदा जमीर का जलवा ही अलग है
इनकार को समझ के, इकरार को भी सीख।

□

(36)

लोग कहते हैं, शरीर ही नश्वर है,
परंतु सिर्फ इतना ही सत्य नहीं है।
क्योंकि मनुष्य सिर्फ शरीर नहीं,
मन और आत्मा के साथ ही शरीर का अस्तित्व है।
शरीर, मन और आत्मा से भी जुड़ा होता है।
इस शरीर की नश्वरता के सत्य के साथ
परमसत्य भी आत्मा से अलग नहीं है।
जन्म लिये हुए शरीर का मृत्यु में अंत बड़ा नैसर्गिक है
परंतु जो जन्म के पहले आत्मतत्त्व था,
वह मृत्यु के बाद भी रहेगा।
जन्म-मृत्यु का संबंध शरीर से है
आत्मा को न जनमना है, न मरती है।
वही वास्तविक जीवन है, वही जीवनधारा निरंतर गतिमान है।
जीवन तो अनंत स्रोत की ऊर्जा से आता है।

आत्मा अमर है—शरीर की नश्वरता के साथ जुड़ा हुआ तथ्य है।
आप सकारात्मक दृष्टिकोण को विकसित करें।
सकारात्मकता से दूर, हीन व लक्ष्यहीन जीवन मत जिएँ।
आपके पास मन सदा मौजूद है और मन को परिणाम दर्शन का,
सन्मार्ग का पता नहीं। इसे बौद्धिक तर्क पर उतरने दें,

दृष्टिकोण तो अपना ही सँभलता है।
बहुत दिन लोगों के अनुसार, मन के अनुसार,
मन की आदतों के अनुसार जीवन जी चुके। परिणाम सामने है।
अतः विवेकपूर्ण, समझपूर्ण, साहसपूर्ण जीवन जिएँ।

□

(37)

अक्ल के साथ जी, इत्मीनान के साथ जी
कीमती हयात है, इसे सम्मान के साथ जी।

समझ का खेल सारा है, आदमी भी, दुनिया भी
इल्म को धार दे, कुदरत-ए-एहसास के साथ जी।

हयात चलती चली जाएगी, वक्त के साथ-साथ
चाहे बेवकूफियत के साथ, चाहे एहतियात के साथ जी।

जिंदा जमीर रख, खुद की कोशिशों के साथ
अंदर के शैतान को छोड़, अपने इनसान के साथ जी।

□

(38)

विवेकपूर्ण जीवन का दायित्व है कि समझपूर्वक जीवन जिया जाए
और यह समझ आपको प्रकृति सिखाती है।
मानव जीवन के उस सकारात्मक पहलू से परिचय कराती है।
जिसके संग साथ में चलकर आप
नकारात्मक पहलू को अलविदा रखने का दम रखते हैं।

मनुष्य जीवन अनमोल है।
जीवन का हर क्षण अनमोल है।
जो क्षण, जीवन बीत जाता है, वापस नहीं आता,
अत: सावधानी से विवेक के साथ जीवन बिताएँ।
जीवन के दायित्व पूरे करें।

देश के प्रति जो अधूरे तकाजे हैं,
एक नेक इनसान बनकर पूरे करें।
उस नेक नियति की राह पर चलने से
स्वयं का आत्मगौरवपूर्ण जीवन है
और मानवता का शिखर भी ऊँचा होता है।
प्रकृति भी आप जैसे व्यक्ति पर गर्व करती है।
जीवन सार्थक बनता चला जाता है।

निसर्ग के साथ चलें।
धर्म के साथ चलें।
एक कदम आप उठाएँ
दूसरा कदम धर्म स्वयं सँभाल लेता है।
बस पहला इरादा आपको
करना पड़ता है,
उस पहले इरादे के लिए साहसवान बनें।
अपनी आत्मशक्ति को पहचानें।

(39)

तू है क्या, तेरा मर्तबा है क्या
तू देख खुद का खुद से आईना।
तेरी जीस्त, तेरा राज, तेरी मंजिलें
सब दिखा ही देगी विपश्यना॥
अपने ही फन में जी,
अपने अंदाज में ही जी
परिंदे की तरह उड़, परवाज की तरह जी।

(40)

संसार में जिस जीवधारी में साँस का आगमन है, जीवित है।
मनुष्य भी अस्तित्व में प्रकृति द्वारा अंकुरित और संचारित है
लेकिन मनुष्य के इस जीवित रहने में
उसका अपना कोई योगदान नहीं है।
यह प्रकृति द्वारा,
मनुष्य को नैसर्गिक
जीवन प्राप्त हो रहा है। मनुष्य सभी जीवधारियों में
श्रेष्ठ ही नहीं, सर्वश्रेष्ठ है
तथा उसकी सर्वश्रेष्ठता का
मापदंड उसे प्रकृति-प्रदत्त बुद्धि विवेक है।
इसी बुद्धि-विवेक का उपयोग करके जीवित मनुष्य,
जीवंत मनुष्य बन सकने में सक्षम है।
इसकी उपयोगिता जीवन में संकल्प-शक्ति के रूप में दिखनी चाहिए,
ताकि वह सहज, स्वस्थ, आनंद और गरिमापूर्ण, महिमापूर्ण बन सके।
मनुष्य जीवन में समझ और साहस अनिवार्य है।
जीवन में समझदार होने के लिए ध्यान की महत्ता है
और विपश्यना ध्यान भी उनमें से एक विधि है।
विपश्यना ध्यान करके मनुष्य अपना संसार और

अस्तित्व का सत्य जान लेता है
और सभी के सत्य
जानने के बाद
धर्म का रास्ता चुन लेता है।

□

(41)

आदमी की फितरत में, जिंदगी का मकसद हो
जिंदगी से उलफत हो, जिंदगी में हसरत हो।

ख्वाहिशों को जानें हम, खुद को पहचानें हम
अपना जज्बा हो बड़ा, इन्हीं हौसलों की बरकत हो।

दुनिया में सब मयस्सर है, आगे बढ़ो पा लो उनको
बस पाने की हिम्मत हो, चाहत हो, ताकत हो।

□

(42)

आदमी स्थूल शरीर और सूक्ष्म शरीर के साथ जीवन जीता है।
यूँ तो प्रकृति द्वारा प्रदत्त साँस,
साँस के मानव शरीर में अंदर जाने के बाद
शरीर की सारी प्रक्रियाएँ,
सारे तंत्र (श्वसन-तंत्र, हृदय-तंत्र, मस्तिष्क-तंत्र,
पाचन-तंत्र, उत्सर्जन-तंत्र आदि) तथा मन के तल की सारी शक्तियाँ
(सोचना, विचारना, स्मृतियाँ, कल्पनाएँ, इच्छाएँ, संकल्प आदि संवेदनाओं का खेल)
आरंभ हो जाता है।
विकार (काम, क्रोध, लोभ, मोह, राग, द्वेष) भी
अपने ढंग से कार्य करना आरंभ कर देते हैं।
प्रकृति के माध्यम से जो कार्य स्वतः होते हैं
और जीवित मनुष्य हेतु बहुत महत्त्वपूर्ण भी हैं,
यथा—जन्म, बचपन, जवानी, प्रौढ़ावस्था, बुढ़ापा, मृत्यु
सब सहज रूप से घटता चला जाता है।
परंतु सभी वास्तविकता जानने के लिए समझ चाहिए।
समझ कृत्यों से भी उपलब्ध है।
परंतु गहरी समझ के लिए ध्यान अनिवार्य है।
वास्तविकता जानकर व्यर्थ के

कार्यों से, मूढ़ता के कामों से बच सकते हैं
और उस जीवन ऊर्जा का जाग्रत् मनुष्य,
जीवंत मनुष्य हेतु उपयोग कर सकते हैं।

□

(43)

हम इंतजार करते रहे,
कोई चिराग जलाए मेरा
नजर में कोई बिठाए हमको
हयात-ए-साज भी सजाए मेरा
जबीं से जज्बात आए
हयात-ए-एहतियात आए
खुद ही चिराग जलाओ
तो रोशनी की बात आए।

अब तो सँभल जा,
हयात कितनी है।
तुझको ही सँभलना है,
बात बस अतनी है।
चाहे अभी सँभल,
चाहे मत सँभल।
बात यहीं रहनी है,
हयात यहीं रहनी है।

□

(44)

जीवित मनुष्य में सारा खेल समझ और साहस का है।
आत्मबल और मनोबल का है।
शरीर कमजोर हो चलेगा,
परंतु यदि मन कमजोर हो, तो आप बलहीन ही हो।
मन कमजोर न हो, अतः इसके लिए मन को विषाद से बचाएँ।
निराशा, नकारात्माकता से दूर रहें।
मन ही गंगोत्तरी है जीवनसरिता की।
जीवनसरिता के सतत प्रवाह की।
आत्मबल का एक ही अर्थ है—
हर क्षण शुभ, हर घटना शुभ।
क्योंकि सब कृपा नैसर्गिक आधार से ही जुड़ी है। शुभ ही होगा।
जो अशुभ दिखता है, वह मनुष्य की स्वार्थ दृष्टि के कारण,
वह अदूरदर्शिता के कारण, वह अज्ञानता के कारण।
जब नैसर्गिक दृष्टि से देखेंगे तो सब शुभ, बिल्कुल ठीक,
निसर्ग के तालमेल, अस्तित्व के नियमों के साथ सहज दिखेगा।
अतः अपना मनोबल बढ़ाएँ।
अपना आत्मबल बढ़ाएँ
ताकि देश के अधूरे तकाजे पूरे हो सकें।

□

(45)

दुनिया तमाम देखकर, आया हूँ राह में।
मैंने भी सिर झुका दिया, तेरी बारगाह में।

ईजाद होती ख्वाहिशें, एक-एक के बाद एक,
गुजरी तमाम जिंदगी, ख्वाहिशों की चाह में।

खुद की बुलंदियाँ, और खुद का ही दयार,
खुद्दारी से खुदा मिले, खुद की पनाह में।

अपनी ही फितरतों में जीता है आदमी,
अपनी ही हरकतों में, चलता है आदमी,
खुदा नहीं है आदमी, शक्लेशाह में।

□

(46)

हर एक सच्चाई जानने के बाद
आदमी धर्म की राह ही पकड़ता है।
आप जब गहराई से, गहरी समझ से
खुद को, दुनिया को,
अस्तित्व को देखते हैं
तो यही निर्णय लेना पड़ता है,
चलो धर्म की राह पर।
जब देखते हैं शरीर,
शरीर की सच्चाइयों को तो दिखता है
प्रकृति–प्रदत्त
तत्त्वों से शरीर का विकास,
विकास का चरम, फिर ह्रास और क्षरण का चरम।
जन्म से मृत्यु तक निसर्ग की सारी प्रक्रियाओं के साथ
व्यक्ति का अंकुरण, संचरण और क्षरण होता है।
दुनिया हमेशा इसी रौ में चलती है।
तुम्हारे व्यक्तिगत जीवन से, तुम्हें फर्क पड़ता है,
तुम्हारे धर्म की तरंगों से दुनिया की निहित धर्मतरंगों की
प्रतिध्वनि होती है,

जो तुम्हें सुख, शांति का अनुभव कराती है।
परिवर्तन का सतत नियम चलता रहता है।
परिणाम रूप में द्वंद्व का जन्म होता है।
समझ के साथ जीवन बीतता चला जाता है।

□

(47)

नजर आती ही दिखेंगी, मंजिलें तुमको,
सँजोकर रखने ही पड़ेंगे, हौसले तुमको।

रूहानी ताकत से, मुफलिस नहीं हो तुम,
जमीर जिंदा रखकर, लेने पड़ेंगे फैसले तुमको।

खौफ, खुदगर्जी, मक्कारी ही जिन पर काबिज हो,
ये जिंदा लाश से बदतर, बनाते खोखले तुमको।

बदलते लम्हों की मायूसियों से मत घबराना,
ऊँचे सफर का अंदाज भी देगा काफिले तुमको।

इनसानियत का दामन छोड़ दिया है जिसने,
क्या से क्या हो गए, खुद ही देख लो उनको।

□

(48)

जो तुम्हें करना है, वह प्रकृति ने
तुम्हारे विवेक पर छोड़ दिया है,
स्पष्ट तो यह भी है कि
सारा खेल निसर्ग का है, प्रकृति का है, अस्तित्व का है।
मनुष्य के पास केवल सोच और समझ है,
जो उसे मनुष्य, जीवंत मनुष्य बनाती है।
इस सोच और समझ का जो सदुपयोग कर लेता है,
वही मनुष्य सार्थक जीवन जीने में सक्षम होता है, अन्यथा नहीं।
झटककर फेंक दो ओछी धारणाएँ, अंधी मान्यताएँ
तुम्हारा चेतनत्व, आत्मत्व तो सदा श्रेष्ठ है।
तुम तो सिर्फ प्रकृति से ही उपकृत हो।
प्रकृति आपको श्रेष्ठत्व, चेतनत्व का चरम होने के लिए
कैसा माध्यम चुनती है।
ये प्रकृति का ढंग है।
जीवन अतियों पर मत जियो
भोग की अतियों पर रोग जन्मेगा।
ध्यान की अतियों पर समाधिस्थ हो जाओगे,
योग की अतियों पर जीवन खाँचे पर बैठ जाएगा।
अधिक नियमों से जीवन बाँधोगे,
तो नियम न निभने पर

अपराधबोध होगा।
जीवन नियमों में भी है और नियमों के पार भी है,
ये परम नियम अस्तित्व के अनंत स्रोत से आते हैं।
इसे समझपूर्वक, सहर्ष स्वीकार करें।

□

(49)

अधूरे तकाजे पूरे करने के लिए देश-प्रेम का जज्बा चाहिए।
उस जज्बे को धार देने के लिए हिम्मत जरूरी है।
और सबसे जरूरी है जज्बे को पूरी लगन और निष्ठा
से पूरा करने के लिए प्रयास।
लगन को पूरी रौ देनेवाले
अपने प्राणों से आगे
लगन और वतनपरस्ती का जज्बा रखते हैं।
हमारा देश विश्व में अग्रणी है।
सर्वोच्चता के सारे आयाम छुए,
इसी भावना के साथ हम देश-सेवा में अग्रसर रहें।
अपना मनोबल, आत्मबल, लगन के प्रति
पूरी निष्ठा प्राणपण से वह भावना,
जो देश को विश्वशिखर पर स्थापित करे,
उनके प्रति सचेत रहकर ही हम
अधूरे तकाजे पूरे करने में समर्थ हो सकेंगे।

□

(50)

कोरोना का क्या रोना,
बचाव के उपाय करो ना।
न करो आचरण कोरोना का,
कर न सकेगा कुछ कोरोना।

दृढ़ संकल्पों के साथ जियो,
स्वमेव संयमित संरक्षण कर।
बुलंद हौसले हैं जिनके,
निर्णय लेने में तत्क्षण, तत्पर।

इन भयावह दावानल से,
निकल सकोगे संयम से।
मन को तुम मजबूत करो,
अपने ही निश्चय मन से।

उल्लास रगों में भरकर ही,
कोरोना को कैद कर सकोगे।
धैर्यपगों में रखकर ही,
कोरोना को रौंद सकोगे।

तुम मानव हो अकूत शक्ति,
तुम ही बनते हो अनासक्त।
तुम मानव हो चैतन्य बुद्धि,
परिपूर्ण प्रेम में महाभक्त।

□

(51)

वर्ष 2020 कोरोना से पूरी तरह से प्रभावित रहा है।
अभी भी पूरी तरह कोरोना की चपेट के बाहर नहीं निकल सका है।
पिछले दिनों इस कोरोना काल में देशवासियों ने
संयम और धैर्य का परिचय दिया।
वह हमारे अंदर के आत्मबल
और ऊँचे मनोबल का परिचायक है।
हम भारतवर्ष के लोग कठिनाइयों में, विपत्तियों में,
बिल्कुल विपरीत स्थितियों में धैर्यशील रहकर
और आचरण में परिवर्तन करके
पुनः अनुकूल परिस्थितियों में मार्ग ढूँढ़ना जानते हैं।
हम मनुष्य हैं, मनुष्य की आत्मशक्तियों से परिचित हैं।
हमारा ज्ञान, विवेक, आशावान बनाए रखता है
और हम प्रतिकूल स्थितियों से निकलकर
प्रकृति से तालमेल बिठाकर,
साधारण जीवन में लौट आते हैं।

□

(52)

कुदरते–निजाम से चलकर, तुम्हें हयात मिली,
उसी के रहमोकरम से, खिर्द की बात मिली।

किसी के कहने से, रंजोगम में मत होना,
किसी के कहने से, न दुनियाए कायनात चली।

अत तक सब करके, हर दौर से गुजरे तुम,
हर एक अंदाज में, अपनी–अपनी बात मिली।

किसी के कहने से, जिंदगी में खौफ क्यों,
किसी के कहने से, न दुनियाए कायनात चली।

बड़े करिश्मे हैं होते, खुदाई मंजर के,
कोई न जान सका, कहाँ से निशाते–बात मिली।

जिंदगी में रोना मत, जिंदगी को खोना मत,
बड़े मुद्दतों के बाद, हयाते–सौगात मिली।

□

(53)

यह हकीकत है कि किसी के कहने से
तुम्हें हयात नहीं मिली।
सिर्फ और सिर्फ
कुदरते-निजाम से आदमी की जिंदगी हासिल
हुई है।
हाँ, इसके साथ यह भी सच है कि
इनसानी जिस्म बनने की जो प्रक्रिया है,
उसमें कुदरत ने तुम्हारे माँ-बाप को चुना है।
लेकिन रूह का जज्बा, उसी कुदरत से
मयस्सर है।
मुसलसल एक मांस का टुकड़ा
एक मांस का लोथड़ा वक्त के साथ-साथ
छोटा बच्चा बढ़ते-बढ़ते बचपन, की दहलीज
पार कर जवान होता है।
जवानी में उसके
साथ शक्तियों का सैलाब होता है।
यहीं पर सही कदम, सही रास्ता अख्तियार
हो जाए, तो जिंदगी सँवरती चली जाती है,
अन्यथा गलत रास्ते पर बिगड़ती चली जाती है।
लेकिन कुदरते-निजाम देखिए, गलत रास्तों पर

चलने के बाद भी कुदरत अपने करिश्मों
से ठोकर लगाती है।
आपको बार–बार सही
इनसानी रास्तों की ओर जाने की परिस्थिति पैदा
करती है।
बची हुई ऊर्जा फिर नेक रास्तों पर
चलकर हयात की सुकुने–मंजिल हासिल होने में
मददगार बनती है।
यदि खिर्द का चिराग जला है, तो उसे जलाए रखें।
जलते हुए चिराग की एक किरण भी अँधेरा
दूर करने में सक्षम है, समर्थ है।

□

(54)

कोई किसी का स्वभाव नहीं बदल सकता।
किसी के गलत व्यवहार,
बातचीत, स्वभाव से दुःखी मत हो, बल्कि अपनी स्वीकार्यता
ठीक रखें, यही आपके यश की बात है।

संसार सदा-सदा से ऐसा ही रहा है। मनुष्य अपने ही अज्ञानता
अपनी ही नसमझी और अपनी ही अदूरदर्शिता के कारण
परेशानी का जीवन जीता है।
संसार को तुम्हारी व्यक्तिगत परेशानी, व्यक्तिगत दुःखों से कोई
लेना-देना नहीं है। तुम दुःखी रहकर संसार में हमदर्दी की बातों
से अपेक्षित रहते हो, बातों से सुखी हो जाते हो।
लगता है जब से दुनिया बनी, संसार का यही ढंग रहा है।
इस संसार में सिर्फ और सिर्फ समझदार व्यक्ति ही
सुखी, स्वस्थ और प्रसन्न रह सकता है। अन्यथा संसार के
दूसरे लोगों की भाँति जीवन दुःखमय बीतने दो।

अगर तुम दूसरों की हमदर्दी की बातों से अपने दुःख को कम
आँकने लगते हो तो यह बिल्कुल गलत है। गहराई में सिर्फ
सांसारिकता है, संसारगत व्यवहार है और कुछ नहीं।
सत्य तो यह है कि तुम

अपनी सकारात्मकता को सँभालो।
तुम जो भी करते हो, आभ्यासिक वृत्ति विकसित हो जाती है,
चाहे नकारात्मकता की हो, चाहे सकारात्मकता की।
सुखद जीवन-शैली के लिए दृष्टिकोण सकारात्मक रखें।

□

(55)

साध्य होना चाहिए
आराध्य होना चाहिए,
ध्येय आ वाने निरंतर
बाध्य होना चाहिए।

साध्य बिन साधना क्या करोगे
आराध्य बिन आराधना क्या करोगे,
एक चौराहे पर खड़े हो करके तुम
एक पथ न चुनोगे तो क्या करोगे!

पलों की बहती नदी में
तट पर ही जो खड़ा रहा,
ऊर्जा होते हुए भी व्यक्ति वह
यों जिंदगी भर पड़ा रहा।

जो चल सका, वह गिरा कभी
जो निडर हुआ, वह डरा कभी,
यह मनुष्य-जीवन की शृंखला
हँसा भी, रोया भी, जिया कभी, मरा कभी।

□

(56)

मनुष्य, मनुष्य ही है।
एक अद्वितीय, अनूठापन लिये हुए संसार में आता है।
समझदारी का जीवन जीकर
अपना जीवन धन्य करता हुआ दूसरों का भी कल्याण करता है,
मनुष्य अपनी जीवंतता के साथ जीकर अपनी चेतना के सूर्य को
प्रकाशित कर सकता है। एक विशाल वटवृक्ष की भाँति भी जी सकता है,
अपनी विशिष्टताओं के साथ जीवन जीना उसकी उच्च आत्मा का
प्रकटीकरण है।
अत: गूढ़ता का जीवन मत जिएँ, सब के सत्य जानकर व्यावहारिक भी रहें
रेत से तेल मत निचोड़ें, निरर्थक प्रयास है, ऊर्जा को व्यर्थ में खोना है।
जीवन के तथ्यों और तत्त्वों को जानें, वास्तविकता को समझें,
इच्छाओं, भोगों, दीनता–हीनता, अपनी बुद्धिमत्ता और विवेक भी जानें
संसार में कहीं कुछ भागा नहीं जा रहा है, संसार के पीछे भागने में
जो व्यक्ति अपनी ऊर्जा खोते हैं, उन्हें न संसार मिलता है, न स्वयं में तृप्ति
(संसार न मिलने का अर्थ है—मिलकर भी खालीपन बना रहता है।
स्वयं में तृप्ति का अर्थ है—वासना में अतृप्त ही रहते हैं, इनका
गुणधर्म ही अतृप्त रहता है) सभी की वास्तविकता जानो।
संसार भोगने की क्षमता हो तो संसार सदा उपलब्ध है,

पाचन–प्रणाली दुरुस्त हो तो खाने के व्यंजन सदा हैं।
आपके पास पद और पैसा हो तो संसार आपकी सब बातें स्वीकारने को
तैयार है।
आपको लाख ज्ञान हो परंतु पद और पैसे
का महत्त्व सांसारिक है और सदा रहेगा।
और इससे भी अधिक मूल्यवान है व्यावहारिक ज्ञान।

□

(57)

कभी मंजिलें मिलेंगी, कभी कारवाँ मिलेगा,
कोई हम नफ्स मिलेगा, कोई हमनवाँ मिलेगा।

जो तेरे बस की बात है, उसी पर कयास कर,
किसी को खबर नहीं, कोई कैसे कहाँ मिलेगा।

खुद पर यकीन रख, हौसला भी रख,
चलते हुए सफर में आसमाँ मिलेगा।

दुनिया बनी है जब से, दुनिया यों ही रही है
यहाँ इल्मदार हो के ही सारा जहाँ मिलेगा।

□

(58)

यदि तुम किसी के कहने से, किसी को देखने से प्रभावित
होकर आवेशित, उत्तेजित होते हो, झुँझलाते हो तो तुम देखना,
आरंभ करो प्रकृति की ओर, निहारो प्रकृति के कृत्यों को
डूबो प्रकृति के नैसर्गिक तथ्यों में।
प्रकृति को देखने-सुनने में कभी आवेशित-उत्तेजित, गलत न
हो सकोगे, सहज और स्वस्थ रहोगे।

जब तक आपका जीवन है, सदैव प्रकृति है। जब आप नहीं थे
तब भी प्रकृति थी, जब आप नहीं होंगे तब भी प्रकृति
रहेगी और याद रखें, आप प्रकृति से ही आते हैं,
प्रकृति से ही आप जीवन पाते हैं। जीवन के सारे
तत्त्व प्रकृति प्रदत्त हैं।
अपने निजत्व, गरिमा, अपनी अनूठी दिव्यता के साथ
प्रकृति को रहना ही है, क्योंकि प्रकृति से ही
अस्तित्व प्रकट होता है।

जानो कुदरते-निजाम,
समझो कुदरते-निजाम,
स्वयं के आत्मत्व को कुदरते-निजाम से ही संचालित होने दो।

□

(59)

कुदरते-निजाम का जलवा बहुत जरूरी है,
खुद के एहसास का जज्बा बहुत जरूरी है।

आरजू रख, कयास रख, खुशी भी आसपास रख
खिर्द की शमाँ जलाए रखना बहुत जरूरी है।

सफर भी जान लिया, हमसफर भी जान लिया,
हयाते-मुकाम को पाना बहुत जरूरी है।

कुदरते-निजाम से जो इनसानी चिराग रौशन,
उनको सँभाले रखना बहुत जरूरी है।

□□□